Ce cahier appar

# Cahier de calcul
## Additions et soustractions

50 jeux et exercices pour
apprendre le calcul

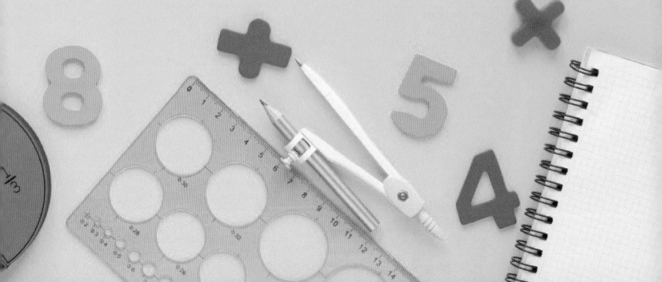

# Je compte et je calcule !

# Je compte et je calcule !

$\bigcirc$         $\bigcirc$

# Je compte les animaux

# Je compte et je calcule !

↓

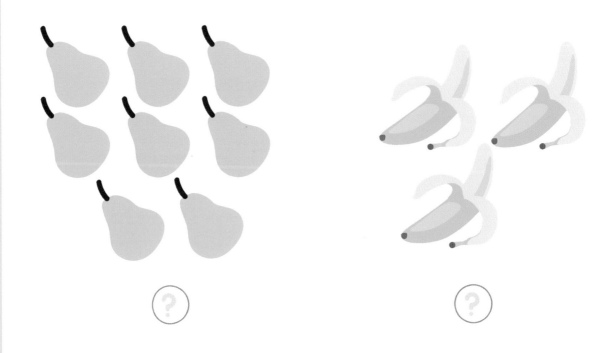

( ? )          ( ? )

( ? ) **+** ( ? ) **=** ( ? )

# Je compte et je calcule !

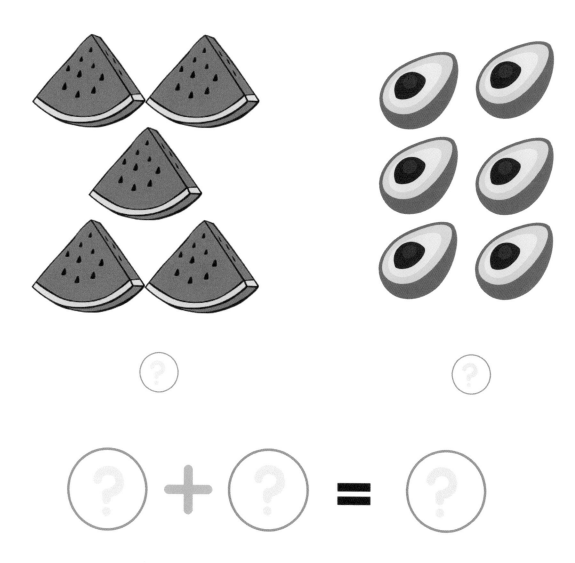

# Je compte les animaux

# Je compte et je calcule !

# Je compte et je calcule !

( ? )

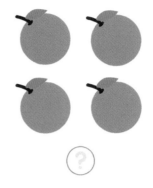
( ? )

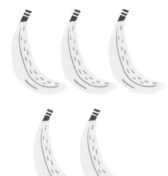

( ? )                    ( ? )

( ? ) + ( ? ) + ( ? ) + ( ? ) = ( ? )

# Je compte les animaux

# Je compte et je calcule !

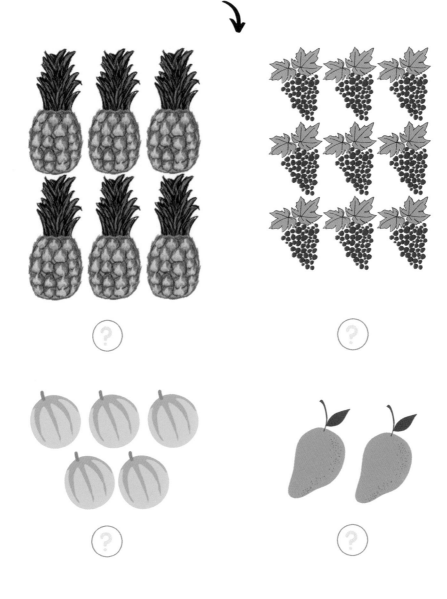

$$\textcircled{?} + \textcircled{?} + \textcircled{?} + \textcircled{?} = \textcircled{?}$$

# Je compte et je calcule !

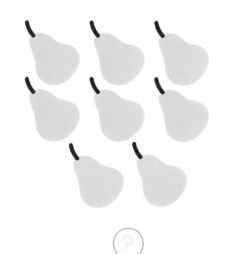

( ? )

( ? )

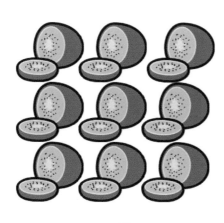

( ? )

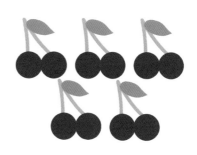

( ? )

( ? ) + ( ? ) + ( ? ) + ( ? ) = ( ? )

# Je compte les animaux

# Je compte et je calcule !

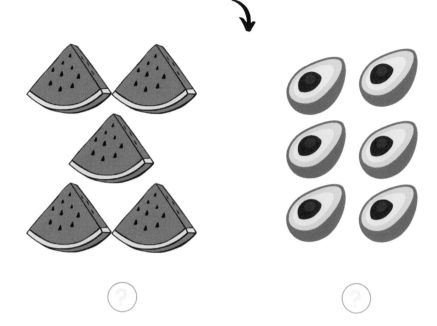

( ? )                    ( ? )

( ? )                    ( ? )

$$( ? ) + ( ? ) + ( ? ) + ( ? ) = ( ? )$$

(19) = (2) + (6) + (6) + (5)

# Je compte et je calcule !

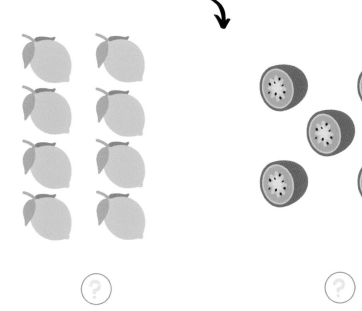

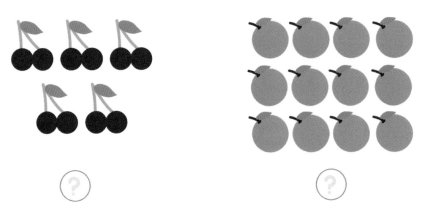

$$\bigcirc + \bigcirc + \bigcirc + \bigcirc = \bigcirc$$

# Je compte les animaux

# Additions

10 + 5 =   ?

8 + 7 =   ?

3 + 5 =   ?

1. 15
2. 15
3. 8

# Additions

14 + 1 = ?

4 + 6 = ?

15 + 5 = ?

# Je compte les animaux

# J'entoure la bonne réponse

| | |
|---|---|
|  | **3  4  5  6** |
|  | **2  4  6  8** |
|  | **1  3  5  7** |
| 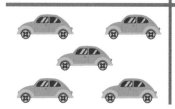 | **5  6  7  8** |

# Additions

# Additions

# Je compte les animaux

# J'entoure la bonne réponse

| | |
|---|---|
|   | **1  2  3  4** |
| 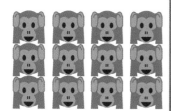 | **4  8  10  12** |
|   | **4  3  5  7** |
|  | **5  6  7  8** |

# Additions

2 + 8 = ?

17 + 5 = ?

12 + 4 = ?

1. (10)  2. (22)  3. (16)

# Soustractions

# J'entoure la bonne réponse

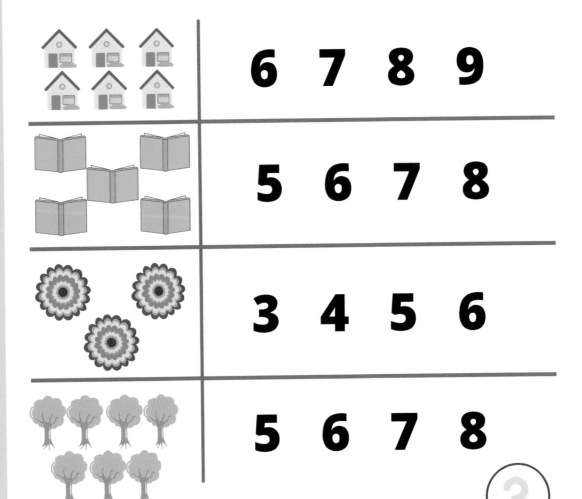

| | |
|---|---|
| 🏠🏠🏠 | **6   7   8   9** |
| 📖📖📖📖📖 | **5   6   7   8** |
| 🌼🌼🌼 | **3   4   5   6** |
| 🌳🌳🌳🌳🌳🌳🌳 | **5   6   7   8** |

# Soustractions

# Soustractions

 −  =

 −  =

 − 8 =

# J'entoure la bonne réponse

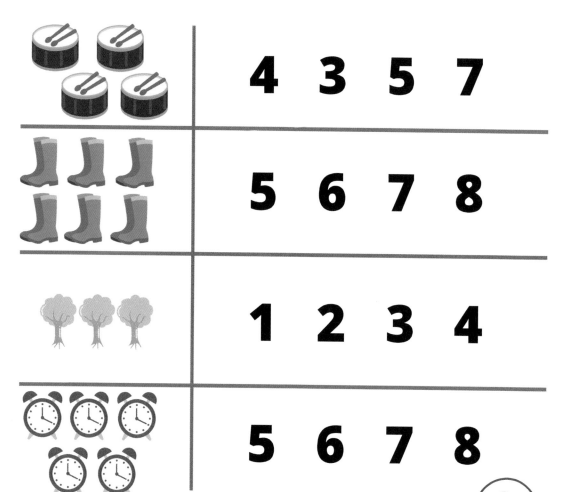

| | |
|---|---|
| 🥁 | **4   3   5   7** |
| 🥾 | **5   6   7   8** |
| 🌳 | **1   2   3   4** |
| ⏰ | **5   6   7   8** |

# Soustractions

 **-**  **=**

 **-**  **=**

 **-**  **=**

1. 10
2. 8
3. 1

# Soustractions

 **19** -  **5** **=**  **?**

 **25** -  **15** **=**  **?**

 **10** -  **8** **=**  **?**

1. (14)  2. (10)  3. (2)

# J'entoure la bonne réponse

| | |
|---|---|
|   | **1 2 3 4** |
|  | **5 6 7 8** |
|  | **3 4 5 6** |
| 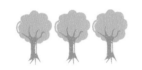 | **5 6 7 8** |

# Additions et soustractions

$2 + 7 = \boxed{\phantom{0}}$

$9 + \boxed{\phantom{0}} = 12$

$4 + 3 = \boxed{\phantom{0}}$

$8 - \boxed{\phantom{0}} = 7$

$\boxed{\phantom{0}} - 2 = 3$

# Additions et soustractions

# Additions et soustractions

$$2 + \boxed{\phantom{0}} = 5$$

$$\boxed{\phantom{0}} + 9 = 12$$

$$4 + 3 = \boxed{\phantom{0}}$$

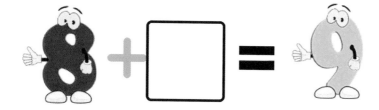

$$8 + \boxed{\phantom{0}} = 9$$

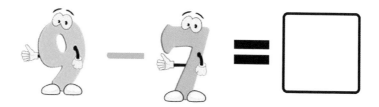

$$9 - 7 = \boxed{\phantom{0}}$$

1. ③  2. ③  3. ⑦  4. ①  5. ②

# Additions et soustractions

# Additions et soustractions

# Je trouve le bon chiffre !

$\triangle = 3$   $\bullet = ?$   $\blacksquare = ?$

$\triangle + \bullet = 5$   $\bullet + \triangle + \blacksquare = 11$

$\bullet + \blacksquare = 8$   $\triangle + \bullet + \bullet = 7$

$\blacksquare + \triangle = 9$   $\blacksquare + \triangle + \blacksquare = 15$

$\triangle = 3$   $\bullet = 2$   $\blacksquare = 6$

# Additions et soustractions

$$7 - 2 + \boxed{\phantom{0}} = 5$$

$$\boxed{\phantom{0}} + 9 - 6 = 6$$

$$4 + 8 - 3 = \boxed{\phantom{0}}$$

$$1 + 2 - \boxed{\phantom{0}} = 3$$

$$9 - 7 + 0 = \boxed{\phantom{0}}$$

# Je trouve le bon chiffre !

▲ = 5    ● = ?    ■ = ?

● + ▲ = 8    ▲ + ■ + ■ =17

▲ + ■ =11    ● + ▲ + ● =11

■ + ● = 9    ■ + ● + ▲ =14

▲ = 5   ● = 3   ■ = 6

# Additions et soustractions

$6 - 2 + \boxed{\phantom{0}} = 5$

$\boxed{\phantom{0}} + 9 - 7 = 12$

$4 + 3 - 1 = \boxed{\phantom{0}}$

$8 + \boxed{\phantom{0}} - 1 = 9$

$9 - 7 + 0 = \boxed{\phantom{0}}$

# Je trouve le bon chiffre !

△ = 2      ● = ?      ■ = ?

■ + △ = 10      △ + ■ + ■ = 18

△ + ● = 5      ● + ● + ● = 9

■ + ● = 11      ■ + △ + △ = 12

◁ = 2      ● = 3      ■ = 8

# Additions et soustractions

$$5 - 2 + 7 = \boxed{\phantom{0}}$$

$$9 + 6 - \boxed{\phantom{0}} = 12$$

$$4 + 3 - 0 = \boxed{\phantom{0}}$$

$$1 + 8 - \boxed{\phantom{0}} = 7$$

$$\boxed{\phantom{0}} - 9 + 2 = 3$$

# Je trouve le bon chiffre !

▲ = 6     ● = ?     ■ = ?

▲ + ● = 8     ● + ■ + ■ = 16

■ + ▲ = 13     ● + ▲ + ● = 10

■ + ■ = 14     ■ + ▲ + ▲ = 19

◀ = 6
● = 2
■ = 7

# Additions et soustractions

$$12 - 2 + \boxed{\phantom{0}} = 15$$

$$9 - 7 + 0 = \boxed{\phantom{0}}$$

$$8 + 9 - \boxed{\phantom{0}} = 7$$

$$4 + 3 - 1 = \boxed{\phantom{0}}$$

$$9 + \boxed{\phantom{0}} - 7 = 6$$

1. ⑤
2. ②
3. ⑩
4. ⑥
5. ④

# Je trouve le bon chiffre !

▲ = 9    ● = ?    ■ = ?

▲ + ● = 11    ● + ■ + ■ = 5

■ + ▲ = 10    ● + ▲ + ● = 15

■ + ■ = 2    ■ + ▲ + ▲ = 19

# Additions et soustractions

$$2 - 1 + \boxed{\phantom{0}} = 5$$

$$9 - 7 + 4 = \boxed{\phantom{0}}$$

$$8 + 9 - \boxed{\phantom{0}} = 7$$

$$4 + 3 - 1 = \boxed{\phantom{0}}$$

$$8 + \boxed{\phantom{0}} - 7 = 4$$

1. 4
2. 6
3. 10
4. 6
5. 3

Printed in Poland
by Amazon Fulfillment
Poland Sp. z o.o., Wrocław

59708011R00030